HALLO, ICH BIN DEINE ZAUBERHAFTE

KLOROLLE

DIE 10 FANTASTISCHSTEN UPCYCLING-IDEEN

2. Auflage
© 2022 Verlag Friedrich Oetinger GmbH, Max Brauer Allee 34, 22765 Hamburg

migo im Verlag Friedrich Oetinger, Hamburg

Alle Rechte für die deutschsprachige Ausgabe vorbehalten
© der der englischen Ausgabe: Carlton Books Limited (ein Imprint der Welbeck
Publishing Group, 20 Mortimer Street, London W1T 3JW) 2018

Veröffentlicht mit Zustimmung von Welbeck Publishing Group Limited 2018

Übersetzung: G&U Language & Publishing Services GmbH, Flensburg
Text: Sara Stanford
Kreativdirektorin: Clare Baggaley
Geschrieben, gestaltet, illustriert und verpackt von: Dynamo Limited
Senior Production Controller: Yael Steinitz

MIX
Papier | Fördert
gute Waldnutzung
FSC® C002795

Design Manager: Emily Clarke
Chefredakteurin: Stephanie Stahl
Text und Design Copyright © Welbeck Children's Limited 2018
Druck und Bindung: Livonia Print SIA, Jūrkalnes iela 15/25, LV-1046 Riga, Lettland
Printed in 2022
ISBN 978-3-96846-087-1
www.migo-verlag.de

HALLO, ICH BIN DEINE ZAUBERHAFTE

KLOROLLE

DIE 10 FANTASTISCHSTEN UPCYCLING-IDEEN

MiGO IM VERLAG FRIEDRICH OETINGER, HAMBURG

HALLO!

BIST DU BEREIT, MIT DEM BASTELN ANZUFANGEN? ABER NATÜRLICH!

DIESES BASTELBUCH IST VOLLGEPACKT MIT RECYCELTEN KUNSTPROJEKTEN UND EINFACHEN SCHRITT-FÜR-SCHRITT-ANLEITUNGEN. HIER ERFÄHRST DU, WIE DU KLOROLLEN IN EINHÖRNER, HAIE, PIRATEN UND VIELES MEHR VERWANDELST!

WENN DU MAGST, KANNST DU UNSERE PRAKTISCHEN AUSSCHNEIDEVORLAGEN AM ENDE DES BUCHES VERWENDEN, UM DIR DAS BASTELN ZU ERLEICHTERN.

DAFÜR BRAUCHST DU

- VIELE KLOROLLEN
- KLEBEBAND
- KLEBER
- BUNTES PAPIER
- BUNTE PAPPE
- FARBEN
- PINSEL
- SICHERHEITSSCHERE
- SCHNUR
- ALUFOLIE
- GLITZER
- ZAHNSTOCHER
- FILZSTIFTE
- BUNTSTIFTE

DU BENÖTIGST EINEN ERWACHSENEN, DER DIR BEI ALLEN BASTELEIEN HILFT!

INHALT

HAAAAAAi!

ICH BIN EIN FURCHTERREGENDER HAI, DER AHNUNGSLOSE ZEHEN IN DER BADEWANNE ANKNABBERT! ICH WÜRDE MICH UNTER WASSER BESTIMMT NICHT IN KLOROLLENBREI VERWANDELN ...

DAFÜR BRAUCHST DU

- EINE LEERE KLOROLLE
- BLAUE UND WEISSE FARBE
- PINSEL UND STIFT
- SICHERHEITSSCHERE
- BLAUEN UND WEISSEN KARTON
- EINE SCHÜSSEL (ZUM HERUMMALEN)
- KLEBEBAND
- KULLERAUGEN

PASS AUF!!

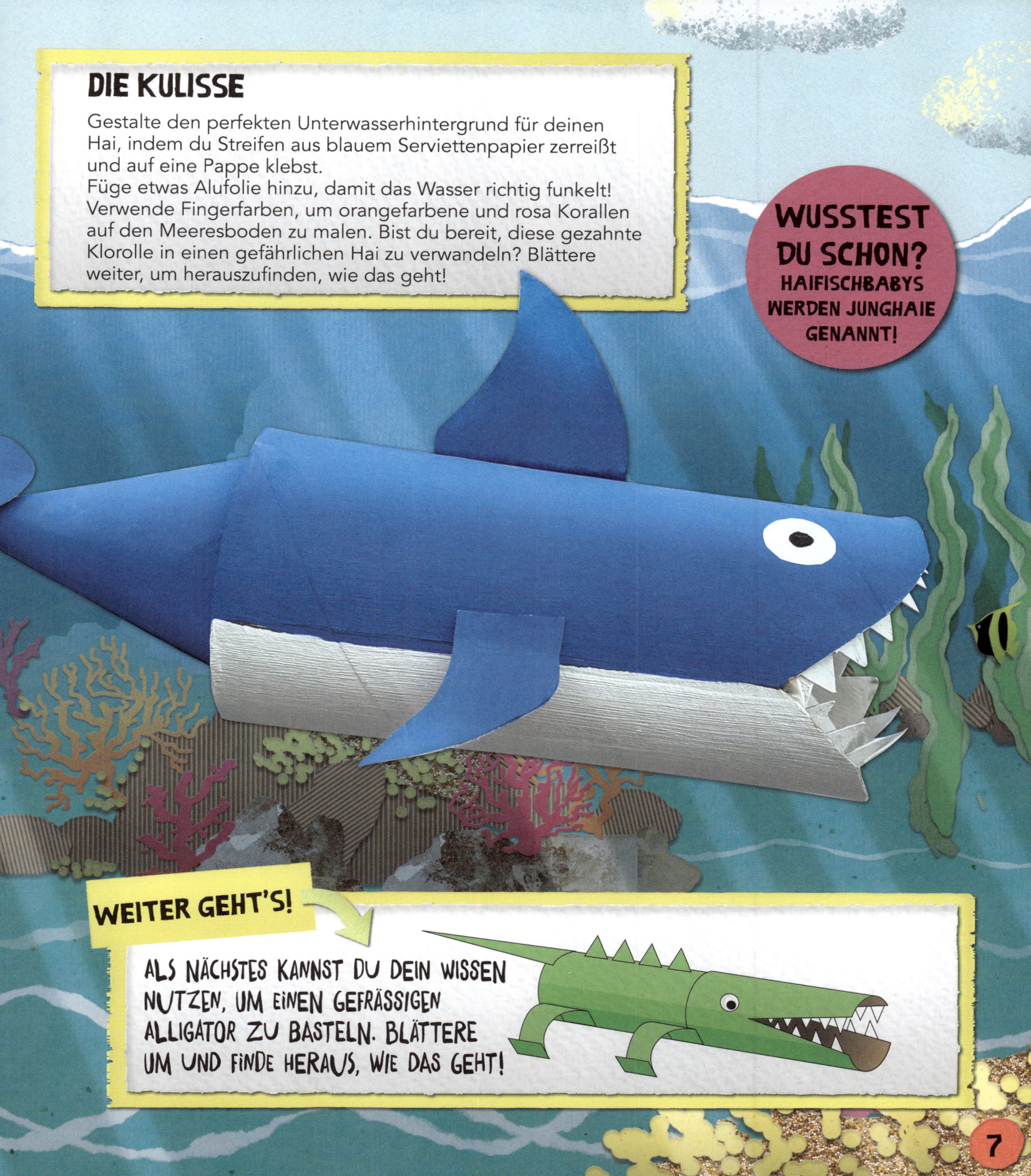

DIE KULISSE

Gestalte den perfekten Unterwasserhintergrund für deinen Hai, indem du Streifen aus blauem Serviettenpapier zerreißt und auf eine Pappe klebst.
Füge etwas Alufolie hinzu, damit das Wasser richtig funkelt! Verwende Fingerfarben, um orangefarbene und rosa Korallen auf den Meeresboden zu malen. Bist du bereit, diese gezahnte Klorolle in einen gefährlichen Hai zu verwandeln? Blättere weiter, um herauszufinden, wie das geht!

WUSSTEST DU SCHON? HAIFISCHBABYS WERDEN JUNGHAIE GENANNT!

WEITER GEHT'S!

ALS NÄCHSTES KANNST DU DEIN WISSEN NUTZEN, UM EINEN GEFRÄSSIGEN ALLIGATOR ZU BASTELN. BLÄTTERE UM UND FINDE HERAUS, WIE DAS GEHT!

ICH BIN EIN HAI!

1

Male deine Klorolle so an, dass eine Hälfte weiß und die andere Hälfte blau ist. Wenn die Farbe vollständig getrocknet ist, schneidest du zwei Dreiecke aus dem Ende der Klorolle, um das Maul des Hais zu formen.

2

Für den Schwanz zeichnest du einen Kreis auf die blaue Pappe, indem du um eine Schüssel herumzeichnest (eine Müslischale wäre perfekt). Schneide dann vorsichtig ein großes Dreieck aus dem Kreis aus, so wie auf dem Bild oben.

3

Rolle die beiden Seiten von deinem blauen Kreis zu einem Kegel zusammen und klebe ihn fest. Stecke den Kegel in das Ende der Klorolle und klebe ihn zusammen.

4

Füge zusätzliche Verzierungen hinzu, indem du diese Schwanz- und Flossenformen aus deinem blauen Karton ausschneidest und sie mit Klebeband befestigst.

5

Schneide aus zwei Streifen weißer Pappe Zickzacklinien aus, um ein spitzes Gebiss zu gestalten. Klebe sie oben und unten an das Maul des Hais.

6

Fertig ist dein furchterregender Hai, wenn du Kulleraugen aus dem hinteren Teil deines Buches aufklebst.

ICH BIN KEINE KLOROLLE ...
ICH BIN EIN ALLIGATOR!

Male diesmal zwei Klorollen grün an und klebe sie zusammen, um den Körper zu formen. Schneide wie beim letzten Mal ein Maul ein und füge deine spitzen Zähne hinzu. Schneide dann einen spitzen Schwanz und Füße aus grünem Karton aus und klebe Kulleraugen auf. Zum Schluss schneidest du grüne Dreiecke aus Pappe aus und klebst sie auf den Rücken des Alligators!

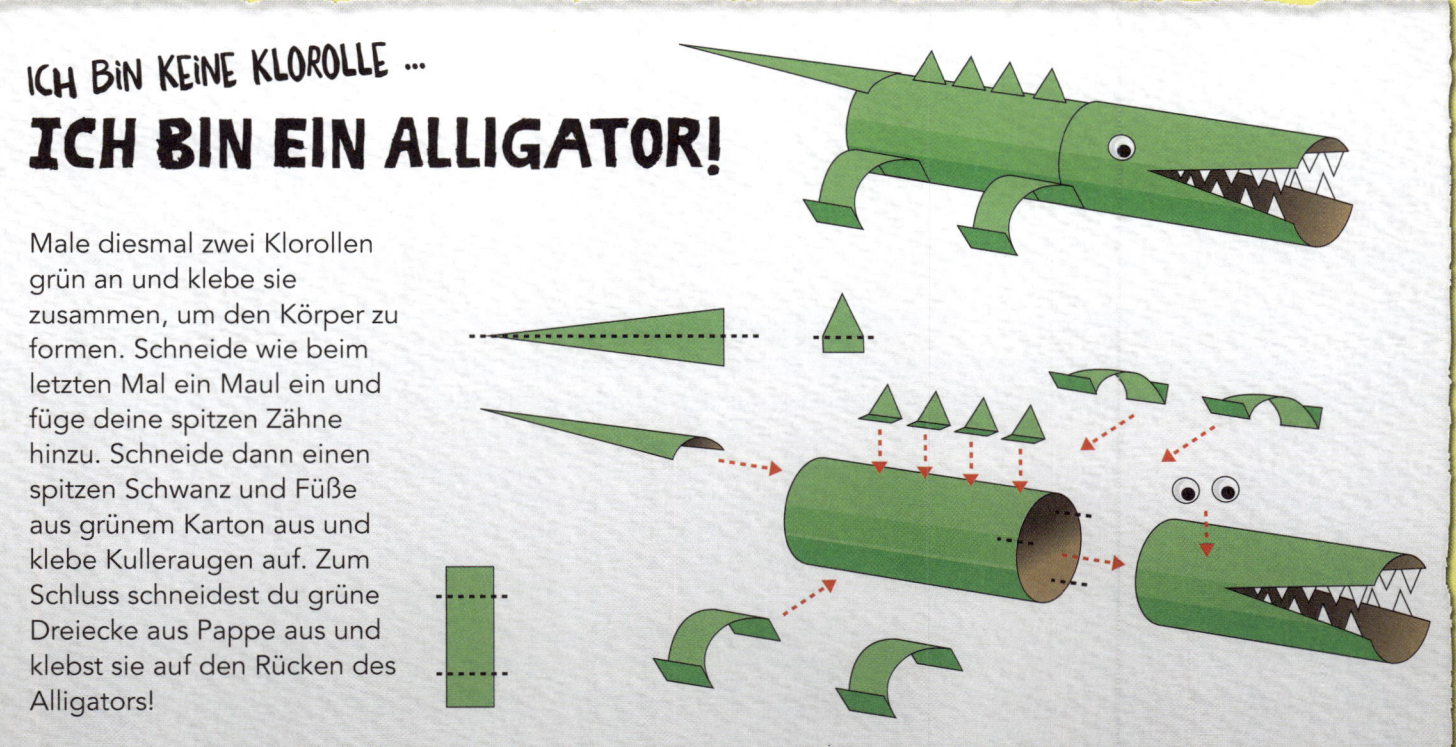

FLEDER-MAUS!

ICH BIN EINE GLÄNZENDE SCHWARZ FLEDERMAUS, SIEHST DU?

ICH SCHLAFE KOPFÜBER BAUMELND IN DEN HÖCHSTEN BÄUMEN.

ICH KOMME ERST NACH EINBRUCH DER DUNKELHEIT HERVOR, WENN ICH MIT MEINEN GROSSEN FLÜGELN SCHLAGE UND UNTER DEN STERNEN DAHINGLEITE.

DAFÜR BRAUCHST DU

- EINE LEERE KLOROLLE
- SCHWARZE FARBE UND PINSEL
- KLEBEBAND UND KLEBER
- SCHWARZEN UND WEISSEN KARTON
- SICHERHEITSSCHERE
- KULLERAUGEN

DIE KULISSE

Gestalte einen Hintergrund für deine Fledermaus in den Farben der Nacht – Dunkelblau oder Schwarz eignen sich am besten! Male einen leuchtenden Mond und Sterne in Gelb auf oder schneide sie aus Alufolie aus und klebe sie auf. Für die Sternschnuppen kannst du auch etwas Glitzer hinzufügen. Blättere um und erfahre, wie du in sechs einfachen Schritten deinen eigenen Fledermausfreund basteln kannst!

ES IST SO SCHÖN, KOPFÜBER ZU DÖSEN. ZZZZ!

WUSSTEST DU SCHON?
ES GIBT ÜBER 1.000 VERSCHIEDENE ARTEN VON FLEDERMÄUSEN AUF UNSEREM PLANETEN!!

WEITER GEHT'S!

MIT DIESER TECHNIK KANNST DU NICHT NUR EINE FLEDERMAUS, SONDERN AUCH EINEN FUCHS ODER EINEN PFAU BASTELN. BLÄTTERE WEITER UND WIR ZEIGEN DIR, WIE ES GEHT.

ICH BIN EINE FLEDERMAUS!

1

Falte die Enden deiner Klorolle zueinander, um deiner Fledermaus Ohren zu verpassen. Mache dasselbe mit der Unterseite deiner Klorolle, um die Füße der Fledermaus zu formen. Klebe sie bei Bedarf mit Klebeband fest.

2

Male deine Klorolle in deiner fledermausartigsten schwarzen Farbe an und lass sie trocknen, während du Schritt 3 ausführst.

3

Für die Fledermausflügel schneidest du vorsichtig ein großes „M" aus schwarzem Karton. Schneide einige Kurven an der unteren Kante ein, wie auf dem Bild oben.

4

Wenn deine bemalte Klorolle trocken ist, klebst du sie mit einem Klecks Kleber in die Mitte deiner Flügel.

5

Nimm ein Paar Kulleraugen und klebe sie oben auf die Klorolle, unterhalb der Ohren.

6

Zum Schluss machst du deiner Fledermaus noch ein paar gruselige Reißzähne, indem du zwei kleine Dreiecke aus weißem Karton ausschneidest. Klebe sie auf und deine Fledermaus ist bereit zum Abflug!

ICH BIN KEINE KLOROLLE ...

ICH BIN EIN FUCHS!

Um deinen Fuchs zu basteln, male eine Klorolle in Orange an und falte nur die Oberseite der Klorolle um. Bastele einen buschigen Schwanz aus Pappe und klebe ihn auf die Rückseite des Fuchses. Für das Gesicht schneidest du eine weiße Herzform aus und fügst Kulleraugen und schwarze Schnurrhaare hinzu.

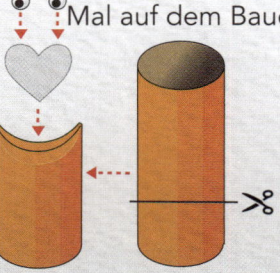

ICH BIN KEINE KLOROLLE ...

ICH BIN EIN PFAU!

Wenn du einen Fuchs basteln kannst, dann kannst du auch einen Pfau gestalten! Schau dir das Beispiel an und du wirst sehen, dass die gleiche Tropfenform, die für den Fuchsschwanz gebraucht wird, auch für die Pfauenfedern verwendet werden kann. Verwende auch die Herzform, aber dieses Mal auf dem Bauch!

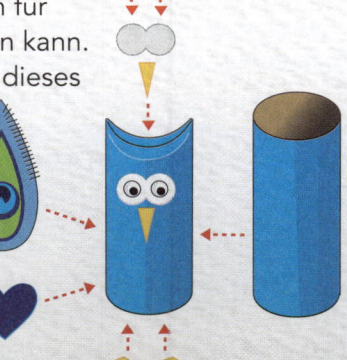

ELEFANT!

MIT MEINEN RIESIGEN FÜSSEN UND DEM „TRÖTEN" MEINES RÜSSELS MACHE ICH EINEN ZIEMLICHEN KRACH. KEINE KLOROLLE KÖNNTE JEMALS SO LAUT SEIN WIE ICH!

STAMPF, STAMPF, STAMPF!

DAFÜR BRAUCHST DU

- EINE LEERE KLOROLLE
- WEISSE, SCHWARZE UND GRAUE FARBE
- PINSEL
- SCHWARZEN STIFT ODER BLEISTIFT
- KLEBER
- KULLERAUGEN

DIE KULISSE

Baue eine Dschungelszene für deinen Elefantenfreund, indem du verschiedene Grüntöne übereinanderlegst. Du kannst auch versuchen, Baumstämme aus braun gefärbten Küchenrollen zu basteln. Blättere weiter, um zu sehen, wie du deine Klorolle in einen gewaltigen Elefanten verwandelst und damit den Dschungel zum Beben bringst!

WUSSTEST DU SCHON? ELEFANTEN SIND DIE GRÖSSTEN LANDSÄUGETIERE, UND SIE LEBEN IN GRUPPEN ZUSAMMEN, DIE VOM ÄLTESTEN WEIBCHEN ANGEFÜHRT WERDEN.

TRÖT, TRÖT!

WEITER GEHT'S!

DU KANNST AUCH EINEN ACHTBEINIGEN KRAKEN AUS EINER KLOROLLE BASTELN! WIR ZEIGEN DIR AUF DER NÄCHSTEN SEITE GENAU, WIE DU VORGEHEN MUSST.

ICH BIN EIN ELEFANT!

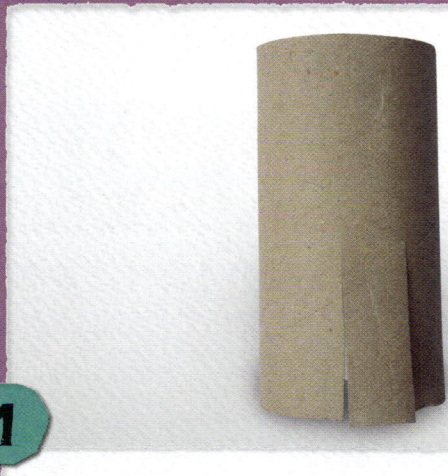

1 Für den Rüssel machst du zwei Schnitte von der Unterseite der Klorolle aus, bis du etwa auf halber Höhe angelangt bist.

2 Schneide vorsichtig auf jeder Seite der Klorolle große Ohren aus (lass in der Mitte genug Platz für das Gesicht des Elefanten). Klappe dann die Ohren nach vorne, damit sie abstehen.

3 Schneide zwei lange, dünne Dreiecke auf beiden Seiten der ersten Schnitte zu, sodass oben jeweils zwei Stoßzähne übrig bleiben. Male nun deinen Elefanten an!

4 Wenn die Farbe getrocknet ist, tupfe mit dem anderen Ende des Pinsels die Zehen auf die Füße des Elefanten. Füge weitere Details mit einem schwarzen Stift hinzu.

5

Klebe ein Paar Kulleraugen von der Rückseite deines Buches auf, damit dein Elefant zum Leben erwacht!

6

Male mit schwarzer Farbe einen Schatten auf die Ohren deines Elefanten, um ein paar zusätzliche Akzente zu setzen.

ICH BiN KEINE KLOROLLE ...

ICH BIN EIN KRAKE!

Hast du Lust, lieber einen Kraken zu basteln? Schneide in den unteren Teil deiner Klorolle vorsichtig acht Beine ein – etwa bis zur Mitte der Klorolle. Dann klappst du die Beine um, etwa wie hier. Zum Schluss malst du deinen Kraken in bunten Farben an und lässt ihn trocknen, bevor du Kulleraugen anbringst.

RAKETE!

ZOOM! AUF, AUF UND DAVON, ICH BIN EINE RAKETE, DAS WEISST DU DOCH? SIEH NUR, WIE ICH DURCH DEN WELTRAUM FLIEGE. UNMÖGLICH, DASS ICH AUS SERVIETTENPAPIER UND FARBE GEMACHT BIN!

DAFÜR BRAUCHST DU

- EINE KLOROLLE
- BUNTE FARBEN
- BUNTE KARTON
- SICHERHEITSSCHERE
- KLEBEBAND UND KLEBER
- ALUFOLIE
- SERVIETTENPAPIER

DIE KULISSE

Dekoriere ein Stück schwarzen Karton mit Alufolie, silbernen Sternen und bunten Planeten als außerirdischen Hintergrund. Male Planeten, zeichne sie aus einem Buch ab oder schneide Bilder aus einer Zeitschrift aus. Willst du deine eigene fantastische Rakete basteln? Natürlich! Wie das geht, erfährst du auf der nächsten Seite ...

WUSSTEST DU SCHON?

1969 SIND DIE ERSTEN MENSCHEN AUF DEM MOND GELANDET (UND GELAUFEN!).

ICH FLIEGE JETZT ZUM MOND ...

WEITER GEHT'S!

WENN DU KEINE LUST HAST, RAKETEN ZU BAUEN, KANNST DU STATTDESSEN DIESES FANTASTISCHE FEENHAUS AUSPROBIEREN. BLÄTTERE UM UND WIR ZEIGEN DIR, WAS ZU TUN IST.

ICH BIN EINE RAKETE!

1 Male deine Klorolle ganzflächig in einer beliebigen Farbe an (wir haben uns für Raketenrot entschieden!). Lass sie trocknen.

2 Zeichne einen Kreis um eine große Rolle Klebeband oder eine Müslischale und schneide ihn aus. Schneide ein großes Dreieck aus, wie oben, und rolle es zu einem Kegel. Verwende etwas Klebeband, um den Kegel zu fixieren.

3 Klebe erst den Kegel oben auf die Rakete und dann einige Kreise aus Alufolie auf die Seiten, um Bullaugen zu formen.

4 Reiße feuerfarbenes Serviettenpapier in Streifen.

5

Klebe das zerrissene Serviettenpapier unten in die Innenseite der Rakete.

6

Jetzt, wo du weißt, wie es geht, kannst du viele verschiedene bunte Raketen basteln! Sei kreativ und verziere sie so lustig, wie du magst.

ICH BIN KEINE KLOROLLE ...

ICH BIN EIN FEENHAUS!

Das Basteln von Feenhäusern aus Klorollen ist fast dasselbe wie das Basteln von Raketen. Diesmal schneidest du den Papierkegel so zu, dass er einen Zickzackrand bekommt. Als Nächstes schneidest du eine kleine Tür ein, durch die deine Feen kommen und gehen können, wie sie wollen. Dann bastelst du Fenster aus Papier oder malst sie auf – ganz, wie du magst!

PIRAT!

HALLO, KUMPEL! ICH BIN EIN PIRAT UND HABE MIT MEINEM SCHIFF **DIE SIEBEN MEERE** AUF DER SUCHE NACH SCHÄTZEN BEFAHREN. WER SAGT, DASS ICH EINE KLOROLLE BIN, KANN ÜBER DIE PLANKE SPRINGEN!

DAFÜR BRAUCHST DU

- EINE LEERE KLOROLLE
- FARBEN UND PINSEL
- WEISSES PAPIER
- SICHERHEITSSCHERE
- KLEBER
- SCHWARZEN KARTON
- SCHWARZEN STIFT
- OPTIONAL: SERVIETTENPAPIER

DIE KULISSE

Bastle eine Inselszene für dein Piratenschiff, indem du ein Blatt blaues Papier für das Meer nimmst und eine gelbe Papier-Wüsteninsel daraufklebst. Jetzt bist du bereit für die Schatzsuche. Das X markiert die Stelle! Bist du bereit, deinen Piratenkumpel zu basteln? Lies weiter, um zu erfahren, wie es geht.

ARRRGH, MEINE FREUNDE!

WUSSTEST DU SCHON?

VIELE PIRATENSCHIFFE HABEN EINE FLAGGE MIT EINEM TOTENKOPF DARAUF, DIE JOLLY ROGER GENANNT WIRD.

WEITER GEHT'S!

BASTLE EINE SCHATZTRUHE AUS KLOROLLE FÜR DEINE PIRATEN, IN DER SIE IHREN WERTVOLLEN SCHATZ AUFBEWAHREN KÖNNEN! BLÄTTERE UM UND FOLGE UNSERER EINFACHEN SCHRITT-FÜR-SCHRITT-ANLEITUNG.

ICH BIN EIN PIRAT!

1

Male die Hälfte deiner Klorolle in einer Hautfarbe deiner Wahl an und lass sie dann trocknen.

2

Um ein gestreiftes Oberteil zu basteln, schneide einen Streifen Papier zu (16 cm x 5 cm). Male oder zeichne nun ein paar Streifen auf.

3

Klebe das Oberteil auf deinen Piraten und male dann die Unterseite der Klorolle schwarz an, um eine Hose zu erhalten.

4

Schneide einen Piratenhut aus schwarzem Karton aus. Schneide dann einen Totenkopf und ein Kreuz aus weißem Papier aus und klebe beides auf den Hut.

5

Klebe deinen Hut oben an die Klorolle. Zeichne das Gesicht deines Piraten mit einem schwarzen Stift und füge eine Augenklappe hinzu, um das Ganze abzurunden. Arrrgh, meine Lieben! Bereit zum Segelsetzen!

6

Wenn du möchtest, kannst du auch ein Kopftuch für deinen Piratenkumpel basteln! Dazu wickelst du einfach Serviettenpapier um den Kopf deines Piraten und machst an einer Seite einen kleinen Knoten.

ICH BIN KEINE KLOROLLE ...

ICH BIN EINE SCHATZTRUHE!

Schneide zuerst eine Klorolle der Breite nach in zwei Hälften, um den gewölbten Deckel der Truhe zu bekommen. Dann schneidest du eine Klorolle der Länge nach auf und streichst den Karton flach. Falte ihn und klebe ihn mit Klebeband zu einer Kiste zusammen. Dann stülpst du den Deckel darüber und bemalst deine Truhe.

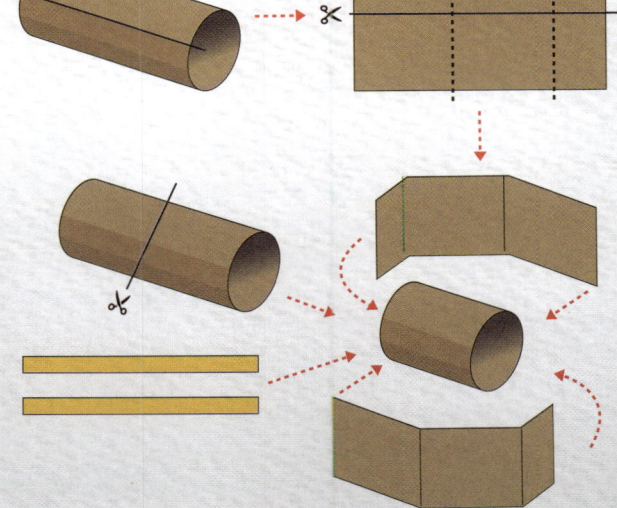

EINHORN!

NEIN, DU TRÄUMST NICHT, ICH BIN EIN MAGISCHES EINHORN, UND ICH BIN HIER, UM MIT DIR FREUNDSCHAFT ZU SCHLIESSEN! DEINE WÜNSCHE ZU ERFÜLLEN UND TRÄUME WAHR WERDEN ZU LASSEN IST ALLES, WAS ICH IMMER TUN WOLLTE.

DAFÜR BRAUCHST DU

- EINE LEERE KLOROLLE
- WEISSE, ROSA UND SCHWARZE FARBE
- SICHERHEITSSCHERE
- BUNTES SERVIETTENPAPIER
- WEISSEN UND ROSA KARTON
- KLEBER UND KLEBEBAND
- GLITZER
- REGENBOGENFARBENE SERVIETTEN
- KULLERAUGEN

MACHE MIT BEI MEINER EINHORNTRUPPE!

DIE KULISSE

Lege Farben bereit, um einen magischen Regenbogenhintergrund für ein Einhorn zu malen! Klebe Watte auf blauen Karton oder Papier, um flauschige weiße Wolken zu machen, und male dann einen wunderschönen Regenbogen, um den Himmel erstrahlen zu lassen. Blättere um, damit die magischen Wünsche des Einhorns aus der Klorolle wahr werden.

WUSSTEST DU SCHON? EINHÖRNER SIND FABELWESEN, UND DER LEGENDE NACH HABEN SIE HEILENDE KRÄFTE.

WEITER GEHT'S!

WENN DU DEIN MAGISCHES EINHORN VOLLENDET HAST, KANNST DU AUCH DIESEN FEUER SPEIENDEN DRACHEN BASTELN! BRÜLLLLL! WIE DAS GEHT, ERFÄHRST DU AUF DER NÄCHSTEN SEITE.

ICH BIN EIN EINHORN!

1

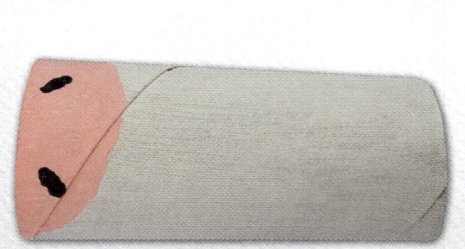

Male deine Klorolle weiß an, mit einem rosa Halbkreis am Ende. Wenn sie trocken ist, tupfe mit dem anderen Ende des Pinsels zwei schwarze Nasenlöcher auf.

2

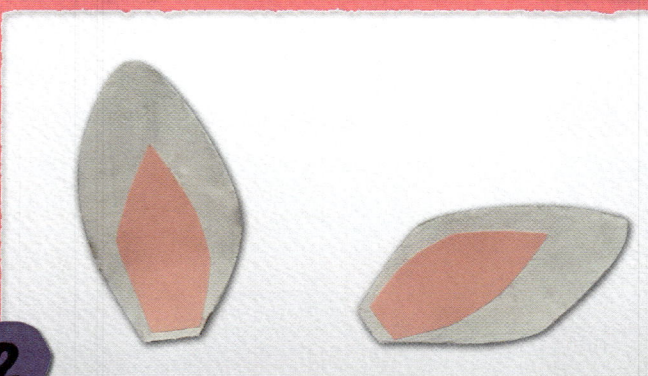

Schneide vorsichtig zwei Ohren aus weißem Karton aus und dann zwei kleinere Ohrenformen in Rosa, um die Innenseiten der Ohren zu gestalten. Klebe sie zusammen.

3

Für das Horn des Einhorns schneidest du ein Dreieck aus Pappe aus, rollst es zu einem Kegel und klebst es fest. Bestreiche den Kegel mit Kleber und bestreue ihn mit Goldglitter, bis er vollständig bedeckt ist.

4

Klebe das Horn vorsichtig auf die Oberseite des Einhorns. Ziehe dann eine dicke Klebelinie vom Horn zur Nase und bestreue sie mit Glitter.

5

Für die Mähne schneidest du Streifen aus regenbogenfarbenem Serviettenpapier aus und klebst sie in das Ende der Klorolle, an der das Horn ist.

6

Zum Schluss klebst du die Ohren des Einhorns auf beide Seiten des Horns und ein Paar Kulleraugen aus dem hinteren Teil deines Buches.

ICH BIN KEINE KLOROLLE ...

ICH BIN EIN DRACHE!

Um deinen tollen Drachen zu basteln, male eine Klorolle rot oder grün an und lasse sie trocknen. Für die Augen steckst du zwei Kulleraugen auf Bommeln und klebst sie auf den Drachen. Nimm zwei weitere Bommeln für die Nasenflügel. Schneide gelbe und orangefarbene Streifen aus dem Serviettenpapier aus und klebe sie auf den Mund des Drachen. BRÜLLLLL!

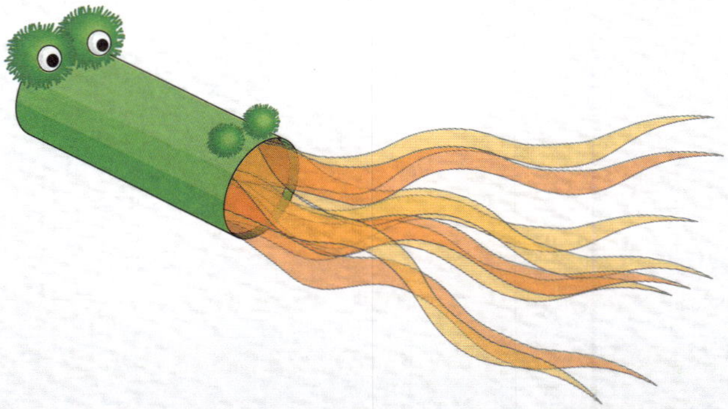

NINJAAAA!

SCHAU MIR ZU, WIE ICH MIT MEINEN NINJA-TRICKS LOSLEGE. ICH BIN DER SCHNELLSTE UND STÄRKSTE NINJA DER WELT, ALSO BIN ICH AUF KEINEN FALL EINE KLOROLLE.

HAI!

DIE KULISSE

Schneide Rechtecke aus Transparentpapier aus und klebe sie auf ein Stück schwarzen Karton, um einen coolen Hintergrund im Dojo-Stil zu gestalten. Möchtest du einer Klorolle ein paar flinke Ninja-Tricks beibringen? Auf der nächsten Seite kannst du deinen eigenen Ninja basteln.

WUSSTEST DU SCHON? NINJAS KOMMEN URSPRÜNGLICH AUS JAPAN UND WURDEN SHINOBI-NO-MONO GENANNT.

ICH BIN EIN MEISTER DER KAMPFKUNST!

WEITER GEHT'S!

VERBESSERE DEINE TECHNIK NOCH WEITER, INDEM DU EIN PFERD BASTELST, AUF DEM DEIN NINJA REITEN KANN. BLÄTTERE UM UND FINDE HERAUS, WIE DAS GEHT.

ICH BIN EIN NINJA!

1

Male eine Klorolle in einer beliebigen Farbe an (wir empfehlen eine dunkle Farbe) und lass sie trocknen.

2

Schneide ein kleines Rechteck aus rosa Papier aus und male ein Paar Augen auf. Das wird das Gesicht deines Ninjas.

3

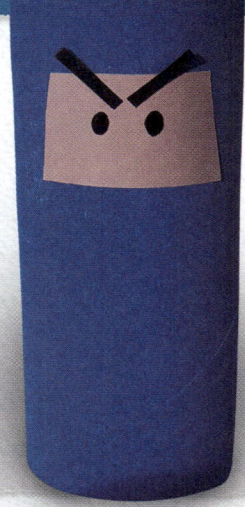

Klebe das Gesicht auf die Klorolle, schneide dann vorsichtig einige kleine Rechtecke aus schwarzem Karton aus und klebe sie über die Augen deines Ninjas, um Augenbrauen zu bekommen.

4

Als Nächstes schneidest du ein weiteres dünnes Rechteck aus schwarzem Karton aus (10 cm) und legst die Schnur bereit.

5 Binde die Schnur um die Taille des Ninjas und stecke den Pappstab hinein, etwa so.

6 Nun kannst du eine ganze Ninja-Crew mit unterschiedlichen Farben basteln. Und jetzt Sayonara!

ICH BIN KEINE KLOROLLE ...

ICH BIN EIN PFERD!

Klebe zwei Klorollen so zusammen, dass sie den Kopf und den Körper des Pferdes bilden. Schneide einen Kreis aus Pappe für die Nase des Pferdes aus und male ihm mit schwarzer Farbe ein Paar Nasenlöcher. Schneide vier Beine aus Pappe aus und klebe sie mit Klebeband fest, damit sie losgaloppieren können. Bastle spitze Papierohren und klebe zwei Kulleraugen auf. Wolle eignet sich hervorragend für Mähne und Schweif!

LEBKUCHEN-MANN!

HALLO DU! ICH BIN EIN FREUNDLICHER LEBKUCHENMANN, SO SÜSS, WIE ER NUR SEIN KANN. MEINE KNÖPFE SIND AUS LECKEREN SÜSSIGKEITEN GEMACHT, NICHT AUS PAPIER UND KLEBSTOFF.

DAFÜR BRAUCHST DU

- EINE LEERE KLOROLLE
- ORANGE FARBE UND PINSEL
- SICHERHEITSSCHERE
- ORANGEFARBENEN KARTON
- KLEBEBAND
- BUNTES PAPIER
- KLEBER

DIE KULISSE

Bastle einen schlauen Fuchs aus orangefarbenem und braunem Papier, der dem Lebkuchenmann hilft, einen Fluss aus zerrissenem blauem Papier zu überqueren. Aber pass auf die Tricks des Fuchses auf! Bist du bereit, deinen Klorollen-Lebkuchenmann zu basteln? Blättere um und finde heraus, wie es geht.

ICH LIEBE MEINE SCHICKE FLIEGE!

WUSSTEST DU SCHON?
DAS GRÖSSTE LEBKUCHEN-HAUS ALLER ZEITEN WAR MEHR ALS SECHS METER HOCH UND WURDE IN TEXAS GEMACHT!

WEITER GEHT'S!

MIT DIESER TECHNIK KANNST DU AUCH EINEN COOLEN CLOWN BASTELN! WIE DAS GEHT, ERFÄHRST DU AUF DER NÄCHSTEN SEITE.

ICH BIN EIN LEBKUCHENMANN!

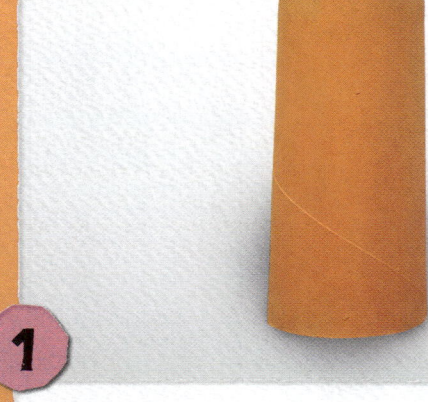

1 Bemale eine Klorolle rundherum mit orangefarbener oder gelber Farbe und lege sie zum Trocknen beiseite.

2 Schneide dann eine Ballonform (wie oben) aus orangefarbenem Karton aus. Verwende farbiges Papier oder Stifte, um das Gesicht deines Lebkuchenmanns zu gestalten.

3 Klebe den Kopf oben in die Klorolle.

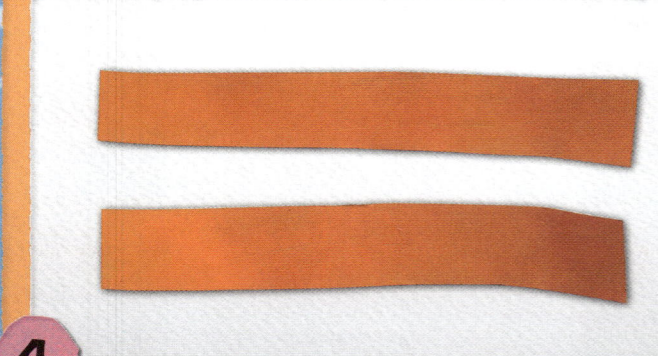

4 Schneide nun vorsichtig zwei Streifen aus orangefarbenem Karton (15 cm x 3 cm) für die Beine und zwei Streifen (15 cm x 2 cm) für die Arme aus.

5

Falte die Pappstreifen so, dass sie federn können. Befestige dann die Arme und Beine mit Klebeband am Körper.

6

Dekoriere deinen neuen Lebkuchenfreund. Klebe dafür bunte Papierknöpfe und eine leuchtende Fliege auf.

7

Bastle eine einfache Zuckerstange, indem du diese Form aus Pappe ausschneidest und ein paar leuchtend rote Streifen aufmalst.

ICH BIN KEINE KLOROLLE ...
ICH BIN EIN CLOWN!

Male deine Klorolle an und ergänze sie dann mit einer bunten Fliege und Knöpfen. Diesmal brauchst du weißen Karton für das Gesicht! Male ein Paar schwarze Kreuze für die Augen auf und dann einen roten Smiley-Mund und eine runde Nase dazu. Schneide Arme und große Füße aus Pappe aus, die du mit Klebeband befestigst, und benutze Wolle für die Haare.

SCHLOSS!

ICH BIN EIN **WUNDERSCHÖNES SCHLOSS!** DIE HEIMAT DER **BERÜHMTESTEN KÖNIGSFAMILIEN.** MIT MEINEN HOHEN TÜRMEN, DIE MIT **PRÄCHTIGEN FAHNEN** GESCHMÜCKT SIND, BIN ICH ABER VIEL ZU GROSS, UM AUS **PAPPE** GEMACHT ZU SEIN!

DAFÜR BRAUCHST DU

- DREI LEERE KLOROLLEN
- SICHERHEITSSCHERE
- FARBEN UND PINSEL
- PAPIER
- KLEBER
- ZAHNSTOCHER
- BLAUES UND BRAUNES PAPIER
- SCHWARZEN STIFT
- KLEBEBAND

DIE KULISSE

Klebe dein Schloss auf verschiedene Lagen grünes Papier, um eine hügelige Landschaft zu erschaffen. Bastle Bäume wie hier abgebildet oder knülle das Serviettenpapier zu bunten Blumen zusammen. Blättere weiter, um herauszufinden, wie du drei Klorollen in ein prächtiges Schloss verwandelst, das einem König und einer Königin würdig ist.

ZEIT FÜR DEN TEE!

WUSSTEST DU SCHON? GRÄBEN SCHÜTZEN SCHLÖSSER UND HALTEN UNGEBETENE GÄSTE FERN.

WEITER GEHT'S!

WARUM SOLLTEST DU DICH MIT DREI SCHLOSSTÜRMEN BEGNÜGEN? LASS UNS DEIN SCHLOSS NOCH SPEKTAKULÄRER MACHEN! WIR ZEIGEN DIR AUF DER NÄCHSTEN SEITE, WIE DAS GEHT.

ICH BIN EIN SCHLOSS!

1 Schneide Rechtecke von der Oberseite deiner Klorolle ab, um Zinnen zu bekommen.

2 Wiederhole Schritt 1 mit zwei weiteren Klorollen. Du kannst einige Türme kürzer machen, indem du zuerst die Oberseiten abschneidest.

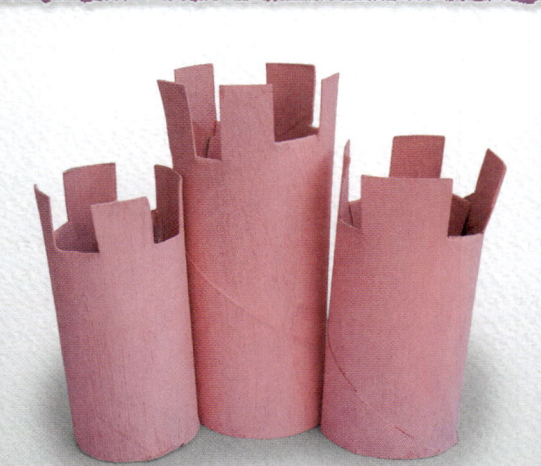

3 Male alle Klorollen in deiner Lieblingsfarbe an und lege sie zum Trocknen beiseite.

4 Für die Fähnchen schneidest du Dreiecke aus buntem Papier aus und klebst sie auf Zahnstocher aus Holz. Wenn dein Schloss getrocknet ist, klebst du die Fähnchen an die Spitze deiner Türme.

5

Schneide drei Fenster aus blauem Papier und eine Tür aus braunem Papier oder Karton aus.

6

Klebe alle drei Türme mit Klebeband zusammen, bevor du die Fenster und die Tür aufklebst.

ICH BIN KEINE KLOROLLE ...
ICH BIN EIN RIESIGES SCHLOSS!

Du musst dich nicht mit drei Klorollen begnügen. Klebe immer mehr bemalte Klorollentürme auf, bis du ein supergroßes Schloss hast! Du kannst die Türme auch auf einen bemalten Pappkarton kleben, so wie hier. Viel Spaß beim Gestalten der verschiedenen Tür- und Fensterformen.

MEERJUNGFRAU!

ICH SITZE AUF **EINEM FELSEN** IN DER NÄHE DES **MEERESUFERS** UND SINGE IN DER SONNE MEINE FRÖHLICHEN MEERJUNGFRAUEN-LIEDER. MIT MEINEM SCHIMMERNDEN SCHWANZ UND MEINEN **LANGEN HAAREN** WEISS JEDER, WER ICH BIN!

TRA-LALA LAAAAAA!

DAFÜR BRAUCHST DU

- EINE KLOROLLE
- FARBEN UND PINSEL
- SICHERHEITSSCHERE
- BUNTES PAPIER
- KARTON
- KLEBER UND KLEBEBAND
- STIFT

DIE KULISSE

Zerknülle braune Papiertüten, um einen Felsen zu bauen, auf dem deine Meerjungfrau sitzen kann. Wenn du ans Meer fährst, kannst du auch ein paar Kieselsteine mitbringen, um deinen Felsen zu gestalten. Bist du bereit, deine Meerjungfrau zu basteln? Schwimme rüber auf die nächste Seite, um zu erfahren, wie es geht.

WUSSTEST DU SCHON?
DIE MÄNNLICHE VERSION EINER MEERJUNGFRAU HEISST MEERMANN.

WEITER GEHT'S!

MÖCHTEST DU BUNTE KORALLENRIFFE BASTELN, IN DENEN DEINE MEERJUNGFRAU HERUMSCHWIMMEN UND SIE ERKUNDEN KANN? WIR ZEIGEN DIR AUF DER NÄCHSTEN SEITE, WIE DAS GEHT.

ICH BIN EINE MEERJUNGFRAU!

1 Male die obere Hälfte deiner Klorolle in einer Hautfarbe deiner Wahl an und die untere Hälfte in einer schönen, leuchtenden Farbe. Lass sie trocknen.

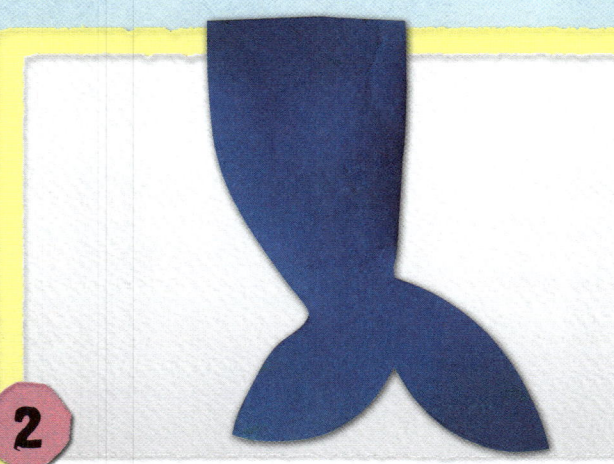

2 Schneide vorsichtig einen Schwanz für die Meerjungfrau aus einem Stück Pappe aus. Bemale den Schwanz in einer Farbe, die zum Körper passt, und lass ihn trocknen.

3 Für die Haare schneidest du Streifen aus buntem Papier aus und rollst die Enden jedes Streifens um einen Bleistift, um sie zu kräuseln.

4 Klebe nun jedes Haarstück oben in die Klorolle. Wir haben auch noch einen Pony aus Papier aufgeklebt!

5

Bastle einen Muschelbikini aus buntem Papier und zeichne mit einem schwarzen Stift einige Details auf. Klebe nun die Muscheln auf und male ein Smiley-Gesicht.

6

Klebe den Schwanz auf den Rücken deiner Meerjungfrau. Jetzt ist sie bereit für alle Abenteuer unter Wasser!

ICH BIN KEINE KLOROLLE ...

ICH BIN EIN KORALLENRIFF!

Male eine Klorolle türkis an und klebe nach dem Trocknen bunte Papier- und Seidenpapierstreifen auf, die wie Korallen oder Algen aussehen. Bastle dann deine eigenen tropischen Meeresbewohner und verstecke sie in den Korallen- oder Seetangstücken. Du kannst viele Korallen in unterschiedlichen Farben basteln!

DEINE ENTWÜRFE

JETZT LIEGT ES AN DIR ... DAS EINZIGE, WAS DEINE LEEREN KLOROLLEN DAVON ABHÄLT, ETWAS EINZIGARTIGES ZU SEIN, IST DEINE EIGENE FANTASIE! MALE DEINE IDEEN HIER AUF – HIER SIND EIN PAAR VORLAGEN FÜR DICH, DAMIT DU LOSLEGEN KANNST.

....

Haiflossen

Haiflossen

Fledermaus-
flügel

Kulleraugen

Schloss-Tür

Einhorn-Ohr

Einhorn-Horn

Einhorn-Ohr

Meerjungfrauen-Schwanz

Piratenhut

Zuckerstange